Créditos de publicación

Dona Herweck Rice, *Jefa de redacción*
Lee Aucoin, *Directora creativa*
Conni Medina, M.A.Ed., *Directora editorial*
Kristy Stark, M.A.Ed., *Editora principal*
Torrey Maloof, *Editora*
Caroline Gasca, M.S.Ed., *Editora educativa asociada*
Kristine Magnien, M.S.Ed., *Editora educativa asociada*
Neri Garcia, *Diseñador principal*
Stephanie Reid, *Investigadora de fotografía*
Rachelle Cracchiolo M.S.Ed., *Editora comercial*

Créditos de imágenes

tapa: Thinkstock; págs. 1, 3, 14, 18, 20, 33, 35, 37, 38: iStockphoto; todas las demás imágenes de Shutterstock.

Teacher Created Materials

5301 Oceanus Drive
Huntington Beach, CA 92649-1030
http://www.tcmpub.com
ISBN 978-1-4333-5299-7
© 2013 Teacher Created Materials, Inc.

Índice

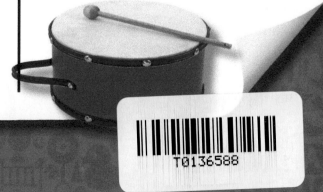

Querida familia:

¡Felicitaciones! Ha inscrito sabiamente a su hijo en la escuela, para ayudarlo a prepararse para el jardín de niños. Es posible que su hijo ya haya estado en una guardería infantil y esté familiarizado con las actividades organizadas. O tal vez esta sea la primera vez que su hijo se aleja de su casa durante un tiempo prolongado. Aunque a algunos niños les lleva un tiempo adaptarse al ámbito escolar, hay algo que es verdad sobre la mayoría de los niños de esta edad: ¡les encanta aprender!

Hay muchos cambios por delante, pero existe otro elemento constante además de este amor natural por el aprendizaje: usted seguirá siendo el maestro más importante en la vida de su hijo. Esta guía del padre le dará algunas ideas para continuar con ese rol de guía del aprendizaje de su hijo, desde consejos para organizarse hasta aprendizaje sobre la marcha a lo largo de su atareado día. Algunas de estas prácticas le resultarán familiares, mientras que otras serán nuevas. ¡Y muchas le servirán para los próximos doce años o más!

Una última idea...

¡El maestro de su hijo puede ser un excelente recurso, así que siga en contacto con él y sepa que sus preguntas son bienvenidas!

Un gran
comienzo

¿Recuerda cuando usted podía organizar sus actividades durante la siesta de la tarde de su hijo? ¡Esos días ya pasaron, o dejarán de existir en un futuro muy próximo! Además, si usted trabaja fuera de su casa, organizarse es aún más importante. Esta es la buena noticia: ¡su hijo puede ayudarlo!

Intente estas ideas para ayudar a su hijo a ser organizado y responsable.

Cajas de entrada y salida

Establezca una hora para revisar los papeles que su hijo trae a casa. Si usted llega a su casa después que su hijo de preescolar, prepare una caja de entrada para su hijo. Revise el material, y los papeles que regresan a la escuela pueden ponerse en una caja de salida.

Quehaceres domésticos

Dedique tiempo para establecer quehaceres domésticos y responsabilidades apropiados para la edad junto a su hijo.

Escuela en casa

Dedique un momento habitual de 15 o 20 minutos para leer o mirar libros ilustrados.

Una última idea...

Mantenga un programa de "trabajo" regular para su hijo, de modo que se establezca una rutina.

¡Escucha!

Su hijo de preescolar está aprendiendo a escuchar con atención. Establezca rutinas diarias, que ayudarán a su hijo a concentrarse y desarrollar su capacidad de concentración.

Intente estas actividades, que combinan el aprendizaje con el ejercicio.

Vamos de pesca

Prepare un grupo de cartas con alrededor de 15 letras o parejas de números. Reparta cuatro cartas a cada uno. El jugador 1 pregunta: "¿Tienes una carta con la letra A?" En caso afirmativo, el jugador 2 entrega la carta y el jugador 1 forma el par. De lo contrario, el jugador 1 toma una carta del mazo hasta que forme un par. ¡El juego termina cuando no quedan más cartas!

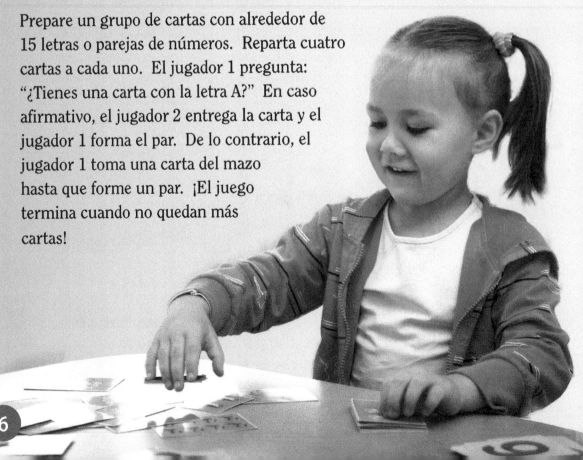

Simón dice

Simón dice es un modo excelente para que los niños practiquen sus aptitudes de aprendizaje. Agregue variaciones del juego cambiando el nombre del juego. La abuela dice puede ser una variedad divertida de un juego conocido.

Patrones

Cree un patrón de sonido y movimiento para que su hijo lo repita, como por ejemplo clap-clap, stomp-stomp, clap-stomp-clap-stomp.

Una última idea...

Use juegos simples cuando esté en el auto. Por ejemplo, proponga: "Voy a decir tres palabras. Dime cuál empieza con un sonido diferente: *cat, cow, ball*".

¡Hablen!

Para la mayoría de los padres, las primeras palabras que su hijo pronunció fueron mágicas. ¡Poco tiempo después, esas palabras aisladas se convirtieron en oraciones e incluso en párrafos! El vocabulario de su hijo sigue creciendo, y las conversaciones son una manera excelente de seguir desarrollando su vocabulario.

Intente algunas de estas ideas para ayudar a su hijo a construir su vocabulario.

Cuadro narrado

Pegue aproximadamente 20 ilustraciones en fichas de 5 x 7 pulgadas: animales, personas, casas, objetos, juguetes, plantas, etc. Reparta las fichas en cuatro pilas, boca abajo. Pida a su hijo que dé vuelta las tarjetas de arriba e invente una historia. Túrnense.

Adivina dónde

Dé a su hijo un objeto pequeño, como un botón o una pelota, para que esconda mientras usted sale de la habitación. Cuando regrese, su hijo debe darle una pista por vez para ayudarlo a encontrar el objeto. Luego cambien de roles.

Adivina mi figura

Coloque figuras en una caja o bolsa. Pida a su hijo que elija una figura al azar y descríbala sin decir su nombre, por ejemplo: "Tiene rayas". Los demás jugadores tratan de adivinar cuál es la figura. Luego de tres intentos, se agrega otra pista, como por ejemplo: "Ronronea".

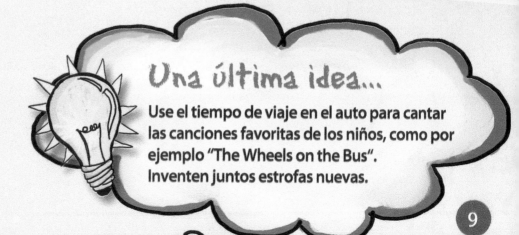

Una última idea...

Use el tiempo de viaje en el auto para cantar las canciones favoritas de los niños, como por ejemplo "The Wheels on the Bus". Inventen juntos estrofas nuevas.

¡Dormir
te hace bien!

Si su hijo de preescolar no está acostumbrado a estar con muchos niños, prepárese para atravesar algunos días más de llanto. Irse a la cama temprano, para que su hijo duerma el tiempo suficiente, es fundamental para la salud de su hijo.

En el siguiente cuadro se indica qué cantidad de sueño necesitan los niños.

Edad	Sueño necesario
1–3 años	12–14 horas
3–5 años	11–13 horas
5–12 años	10–11 horas

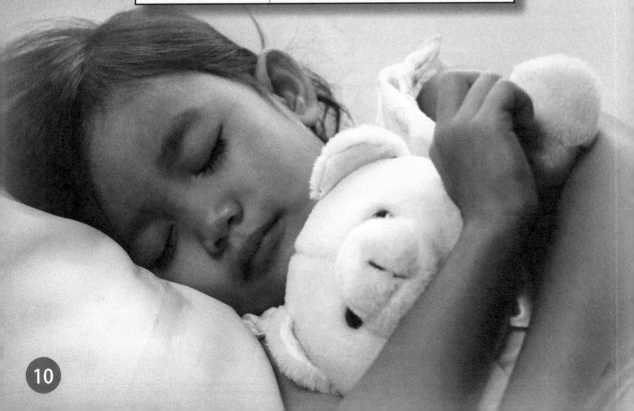

Estos consejos ayudarán a su hijo de preescolar a dormir el tiempo suficiente:

Rutina

Establezca una rutina: la misma hora para irse a la cama, la misma luz y la misma temperatura todas las noches.

Esté preparado

Como parte de la rutina nocturna de su hijo, prepare la ropa para el día siguiente.

Tiempo en silencio

Que sea un momento relajado, sin televisión ni videos.

Lectura en voz alta

Lea en voz alta un libro ilustrado favorito.

Una última idea...

Si su hijo tiene constantes problemas para dormir o terrores nocturnos, consulte con su pediatra.

Las 10
cosas más importantes
que su hijo de preescolar
debe saber

1. Escuchar al maestro cuando **lee en voz alta**

2. **Hacer** y **responder** preguntas sobre un relato o libro

3. **Que las palabras escritas** corresponden a **palabras habladas**

4. Que se lee de **izquierda a derecha** y desde **arriba hacia abajo** de la página

5. **Cantar y recitar** canciones y poemas

6. Aprender sobre **números** contando objetos

7. Practicar la **confección de formas**

8. Comparar **altura** y **peso**

9. Reconocer patrones de **color** y **tamaño**

10. **Clasificar objetos** por color, tamaño y forma

Bloques para construir vocabulario

Los padres son modelos a imitar para el vocabulario de sus hijos. Es importante que utilice vocabulario adulto cuando hable con su hijo y que le explique las palabras nuevas que van surgiendo. ¡Es la mejor manera de aprender palabras nuevas!

Intente algunas de estas actividades para construir el vocabulario de su hijo.

Cadena de papel

Hagan juntos una cadena de papel, escribiendo todas las palabras que se les ocurran a su hijo y a usted en una categoría, como por ejemplo cachorros de animales, colores, palabras relacionadas con números, frutas, juguetes, nombres de formas, etc.

Palabras que riman

Diviértanse con rimas. Comience con un animal y piense en algún elemento que rime, como "un gato en un plato". Hagan dibujos uno a otro y adivinen las rimas.

Etiquetas

Ponga etiquetas en armarios, objetos de la habitación, categorías de juguetes, repisas de libros, etc. Dé a su hijo la responsabilidad de guardar las cosas de acuerdo con las etiquetas.

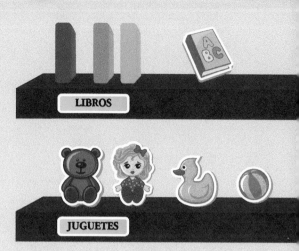

Juegos

Jueguen a una variedad de Duck, Duck, Goose eligiendo una categoría, como por ejemplo vehículos. El "líder" camina alrededor del círculo, tocando una vez a cada jugador, diciendo algo así como "bicicleta, auto, camioneta, camión", hasta que finalmente usa una palabra que no es un vehículo, como por ejemplo "pizza". En ese momento, el nombrado con la palabra "pizza" se levanta y persigue al "líder" alrededor del asiento vacante. El participante que persiguió pasa a ser el "líder".

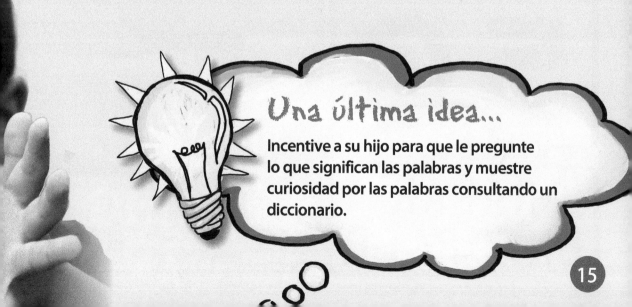

Una última idea...

Incentive a su hijo para que le pregunte lo que significan las palabras y muestre curiosidad por las palabras consultando un diccionario.

Un ambiente rico—
en letra impresa

Probablemente su hijo de preescolar ya lea muchas palabras. Algunas palabras las habrá aprendido en la escuela y otras en el mundo que lo rodea. Muchos niños pueden reconocer los nombres de sus comercios favoritos y otros letreros comunes.

- -

Capitalice el aprendizaje de palabras nuevas con estas ideas cuando salga por la comunidad.

Señales de tránsito

Lean las diferentes señales de tránsito cuando pasen junto a ellas. Si su hijo aún está aprendiendo las letras del abecedario, pídale que diga la primera letra de una señal y su sonido.

Señales bilingües

Utilice las señales bilingües para reforzar dos idiomas. Pida a su hijo que lea palabras, como por ejemplo "salida", "empujar", "tirar", etc.

SPEED LIMIT 50

RADAR ENFORCED

WRONG WAY

Etiquetas de alimentos

Pida a su hijo que traiga la lata de alimento correcta de su despensa o guarde las etiquetas de las latas y cajas de los alimentos. Haga practicar a su hijo leyéndolas.

Mapas

Muestre la utilidad de la letra impresa leyendo y utilizando mapas en centros comerciales, terminales, etc.

Una última idea...

¡Si su hijo lee letra impresa del mundo que lo rodea, significa que ya es lector!

Juego
de fonología

Cada vez que usted lee en voz alta o habla sobre letras y palabras, está echando los cimientos para que su hijo aprenda fonología. Aprender letras y sonidos ayudará a su hijo a convertirse en un lector exitoso.

Estas son algunas ideas para desarrollar la conciencia fonética de su hijo.

Pedir

Pida a su hijo de preescolar que corte ilustraciones del correo de propaganda, de catálogos de juguetes o folletos de ventas. Pídale que las clasifique en pilas con palabras que comiencen con los mismos sonidos.

Combinar

Combine las actividades rutinarias con un juego de fonética. Empiece diciendo: "Ponte algo que comience con el mismo sonido que sandía". (Respuesta: sombrero). Con el tiempo puede hacer este juego más desafiante utilizando sonidos al final o en el medio de la palabra (vocales).

Crear

Cree un libro alfabético sobre un tema específico, como por ejemplo animales, insectos, vehículos, juguetes, etc. Etiquete cada página: Palabras con A, Palabras con B, etc. Busque o dibuje ilustraciones que concuerden con cada letra para completar las páginas.

Desarrollar

Busque ilustraciones de objetos de la A a la Z y péguelas por separado en tarjetas de 3 x 5 pulgadas. Escriba cada letra del abecedario en una pila de cartas aparte. Elija 5 conjuntos de letras e ilustraciones de objetos, mezcle las cartas y póngalas boca abajo. Dé vuelta los pares, haciendo coincidir la letra con la ilustración del objeto. Haga más desafiante este juego de concentración aumentando el número de cartas utilizadas.

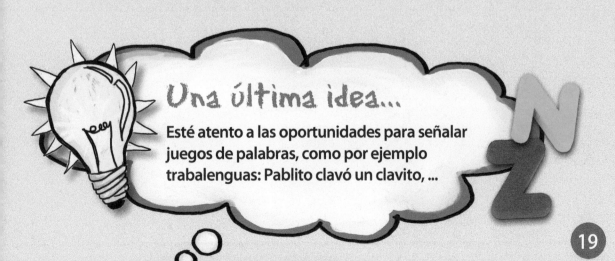

Una última idea...

Esté atento a las oportunidades para señalar juegos de palabras, como por ejemplo trabalenguas: Pablito clavó un clavito, ...

Elecciones
de libros

Cada año se publican miles de libros ilustrados. Pídale a su bibliotecario una lista de libros ganadores de premios, como por ejemplo los que ganaron la Medalla Caldecott por sus excelentes ilustraciones.

Aquí tiene algunos libros que su hijo podría disfrutar.

- *The Very Hungry Caterpillar* por Eric Carle

- *Olivia* por Ian Falconer

- *Singing-Time* por Rose Fyleman

- *Celebration* por Alonzo Lopez

- *Alphabatics* por Sue MacDonald

- *Goldilocks and the Three Bears* por James Marshall

- *Chicka Chicka Boom Boom* por Bill Martin Jr.

- *The Kindergarten Diary* por Antoinette Portis

- *No, David!* por David Shannon

- *Knuffle Bunny Too: A Case of Mistaken Identity* por Mo Willems

Una última idea...

Lea en voz alta a su hijo una variedad de libros. ¡Lea con humor y expresión!

Letra impresa
en casa

Los niños de preescolar están desarrollando sus aptitudes de alfabetización. Están aprendiendo a relacionar el lenguaje oral con el escrito. Exponga a su hijo a ilustraciones, libros y revistas para ayudarlo a entender esa importante relación.

¡*Estas son algunas ideas divertidas* para hacer en casa!

1. **Lea en voz alta** a su hijo todos los días. Hablen sobre lo que leen.

2. Deje que su hijo **vea que usted** lee por placer y para informarse.

3. Dé a su hijo papel y crayones y deje que **utilice palabras inventadas.**

4. Consígale a su hijo una **tarjeta de biblioteca** y utilícela con frecuencia.

5. **Señale letreros** en el autobús, en la calle, en el mercado, etc., y léanlos juntos.

Primeros pasos
en matemáticas

Si usted se ofrece a cortar los emparedados de su hijo de preescolar en triángulos, estará enseñándole geometría. Cada vez que le dice: "Come dos bocados más. Uno... dos", le está enseñando correspondencia de uno a uno.

Estas actividades le ayudarán a reforzar los conceptos de matemáticas sobre la marcha

Señales de tránsito

Con las señales de tránsito puede enseñarse casi cualquier forma. Cuando conduzca o viaje en autobús, juegue a buscar todos los triángulos, octógonos, etc. También puede reforzar los colores.

Matrículas

Pida a su hijo que busque números en las matrículas, comenzando con el uno.

Canciones para contar

Cántele a su hijo canciones para contar, como por ejemplo "Six Little Ducks" o "The Ants Go Marching". Puede encontrar las letras de estas y otras canciones para niños en http://kids.niehs.nih.gov/.

Matemáticas en el mercado

La tienda de comestibles es el lugar perfecto para reforzar matemáticas. Cuenten las latas de sopa que compren. Pida a su hijo que busque la calabaza más pesada. Pídale que identifique los números en precios, pesos y códigos de productos.

Una última idea...

Es tentador hacer los quehaceres más rápidamente. Hágalos más despacio y dedique tiempo a hacer participar a su hijo en ellos. ¡A esta edad, los niños están ansiosos por aprender!

Matemáticas
en acción

¿Su hijo vierte agua de un recipiente a otro mientras se baña? ¿Compara su altura con la su hermano? ¿Se queja si su hermano tiene una galleta más grande? Eso es matemáticas en acción.

• •

Incentive las matemáticas en forma activa con estas divertidas actividades.

Juego educativo

Combine el juego con las cuentas y otros conceptos matemáticos. Puede hacerlo contando autos mientras conduce o cantando canciones para contar.

Mercado para jugar

Cuando llegue a casa de la tienda, pida a su hijo de preescolar que clasifique y guarde las latas. Guarde las latas vacías y limpias y las cajas de alimentos y deje que su hijo arme una tienda de comestibles. Incentívelo a hacer dinero de juguete para hacer las compras.

Libros de matemáticas

Deje que los libros con temas de matemáticas inspiren las actividades de la casa, como por ejemplo contar las cosas cuando se pone la mesa. En *Goldilocks and the Three Bears* se toman medidas, se cuenta y se compara. Busque ideas en su biblioteca, como por ejemplo *Roll Over!,* por Merle Peek y *One Monkey Too Many,* por Jackie French Koller.

Ordenar y clasificar

¿Alguna vez se preguntó qué podría hacer con todos esos botones extras que no necesitará nunca más? Colóquelos en una caja para que su hijo de preescolar los ordene por color, tamaño, diseño y material.

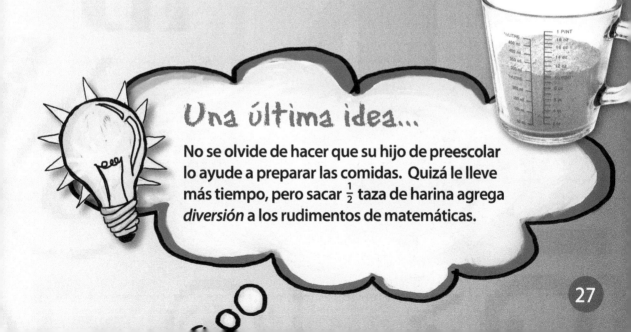

Una última idea...

No se olvide de hacer que su hijo de preescolar lo ayude a preparar las comidas. Quizá le lleve más tiempo, pero sacar $\frac{1}{2}$ taza de harina agrega *diversión* a los rudimentos de matemáticas.

Matemáticas
en casa

Los niños de preescolar están explorando el mundo que los rodea. Están descubriendo las matemáticas mientras ordenan, clasifican, comparan cantidades, sostienen bloques en equilibrio y encuentran formas y patrones. ¡La ayuda en casa es una manera fácil de que su hijo construya sus aptitudes matemáticas!

Lleve las matemáticas a su casa con algunos de estos consejos divertidos.

Cocine con su hijo

Haga participar a su hijo; haga que mida ingredientes mientras usted cocina. ¡Cuando terminen, disfruten juntos de la comida o el refrigerio!

Dinero de juguete

Convierta su aparador en un mercado de juguete. Deje que su hijo compre en el aparador y use monedas o haga dinero de juguete para comprar cada artículo.

Colores

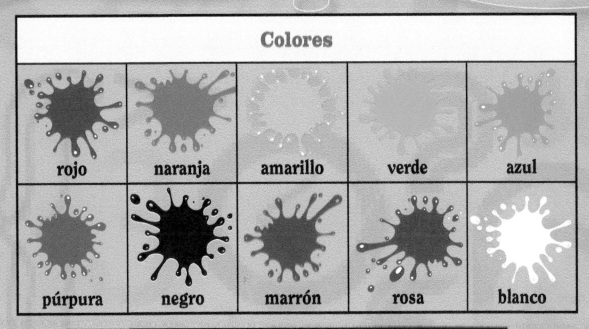

rojo	naranja	amarillo	verde	azul
púrpura	negro	marrón	rosa	blanco

Formas

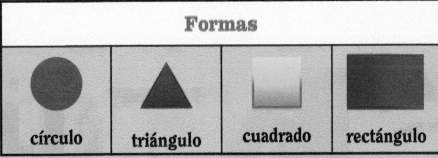

círculo	triángulo	cuadrado	rectángulo

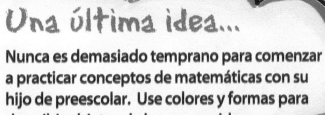

Una última idea...

Nunca es demasiado temprano para comenzar a practicar conceptos de matemáticas con su hijo de preescolar. Use colores y formas para describir objetos de la casa, ¡y pida a su hijo que los busque y se los alcance!

Ciencias
naturales

Los niños pequeños son curiosos por naturaleza. Aproveche esta curiosidad y salgan juntos a explorar la naturaleza.

Incentive el interés natural de su hijo por la ciencia con estas actividades.

Escuchar

Caminen hasta algún lugar favorito y siéntense en silencio. Registren los sonidos en un diario, desde los insectos hasta los vehículos que pasan. Utilicen ilustraciones y palabras en el diario.

Observar

¿Qué sucede cuando se agrega colorante de alimentos al agua, al aceite, a la leche, al detergente líquido o a una combinación de todos estos líquidos? ¿O cuando se deja un pequeño trozo de fruta madura en un plato durante varios días?

Coleccionar

Coleccione rocas, hojas, tierra, flores e insectos. Hable sobre qué cosas son iguales y cuáles son diferentes.

Explorar

Junte una variedad de objetos, como por ejemplo papel liviano y pesado, papel blanco y de color, botellas de vidrio transparente y de color, etc. ¿Qué ocurre cuando se exponen al sol?

Tocar

Toquen y describan cosas que sean suaves y ásperas, blandas y duras, y redondas y chatas.

Diario

Use una agenda para registrar los descubrimientos al mismo tiempo que repasa los nombres de los días de la semana y los cambios en el ambiente a lo largo del tiempo.

Una última idea...

Algunos descubrimientos son totalmente imprevistos. Por eso, esté preparado y dedique más tiempo a disfrutar esas investigaciones inesperadas.

El mundo
social

Los niños de preescolar han aprendido que su red social abarca más que su familia inmediata. Están fascinados con las personas, como por ejemplo los trabajadores de la comunidad, con los que se encuentran y a quienes observan.

Incentive una comprensión más profunda de las personas y sus roles con estas actividades.

Camiones grandes

¿Usted conoce la diferencia entre una retro excavadora y una pala cargadora? ¡Es hora de aprender! A muchos niños les fascinan los equipos pesados y el proceso de construcción. Lea el clásico *Mike Mulligan and His Steam Shovel*, por Virginia Lee Burton.

Trabajos en la comunidad

Hable sobre los trabajadores de la comunidad y cómo ayudan a los demás. Los policías nos mantienen seguros, los médicos nos ayudan cuando estamos enfermos y los carteros entregan nuestro correo. Incentive a su hijo a disfrazarse y jugar a ser como estos trabajadores de la comunidad.

Álbum de recortes

Elaboren juntos un álbum de recortes que documente los días especiales, las salidas, los eventos familiares y las celebraciones. Incluyan las tradiciones exclusivas de su familia.

Celebraciones culturales

Pídale a una persona mayor de su familia o a un vecino que prepare comida tradicional. Presente todos los meses una nueva comida étnica a su familia. Si la comida étnica ya forma parte de la vida de su hijo, hable sobre por qué este tipo de comida es importante para su familia.

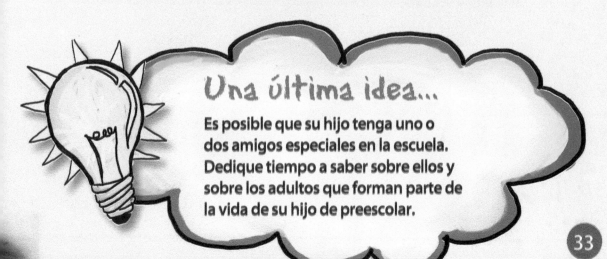

Una última idea...

Es posible que su hijo tenga uno o dos amigos especiales en la escuela. Dedique tiempo a saber sobre ellos y sobre los adultos que forman parte de la vida de su hijo de preescolar.

Más allá
de la escuela

Muchos niños de preescolar continúan sacando provecho de la siesta de la tarde. Otros tienen mucha energía y ya están desarrollando intereses específicos. Hable con su hijo y piense en elegir actividades después de la escuela.

Intente algunas de estas divitidas actividades después de la escuela.

Ciencia

Averigüe en el museo de ciencias, el museo para niños o el zoológico si dictan clases donde se investiguen ciencias.

Deportes

Su centro recreativo, centro deportivo, YWCA o YMCA puede ofrecer clases de ballet, lecciones de natación, gimnasia y una variedad de deportes. Es posible que su hijo quiera probar varias actividades antes de decidirse por su favorita.

Música

Busque en centros de arte o música donde se dicten clases de canto, fabricación de instrumentos y movimiento rítmico.

Arte

Averigüe en centros recreativos, museos para niños y bibliotecas si se dan clases que exploren el arte.

Una última idea...

Si en su comunidad no encuentra la clase perfecta, piense en colaborar con un padre para formar uno o dos grupos y compartir la responsabilidad.

Aprendizaje
para llevar

El aprendizaje puede suceder en cualquier parte. Aproveche el tiempo que pasa fuera de su casa y conviértalo en oportunidades de aprendizaje para su hijo.

· ·

Utilice estas actividades para construir el conocimiento de su hijo.

Contar

Pida a su hijo que cuente mientras usted conduce: animales, camionetas blancas, personas en bicicleta, plazas, señales de *stop*.

A-Z

Escriba las letras de la A a la Z en una hoja de papel. Ponga la hoja en un sujetapapeles con un lápiz atado al mismo. Mientras conduce, pida a su hijo que busque cosas que comiencen con las letras, como por ejemplo con la *c* de *casa*, y que tache la letra correspondiente.

Favoritos

Jueguen al juego de los favoritos. Comiencen pidiéndole a cada persona que viaja en el auto que diga cuál es su color favorito. Pasen el turno a otro para preguntar cuál es su videojuego favorito, juego de mesa, sabor de helado, libro, película, etc., favorito.

Una última idea...

Cuando su hijo se cansa mientras viaja, ponga música relajante o un audiolibro.

¡Sigan jugando!

Ralph Waldo Emerson dijo una vez: "Es un talento feliz el saber cómo jugar". Afortunadamente para nosotros, los padres, seguimos jugando con nuestros hijos.

Intente alguno de estos juegos grupales con familiares y amigos para que siga la diversión.

Mancha cadera

Diviértase jugando a la Mancha cadera con su familia. La persona que es "líder" toca o golpea a los otros suavemente con la cadera. ¡Asegúrese de recordarle a su hijo que no se debe derribar a nadie con el golpe de cadera!

Mancha abrazo

En la Mancha abrazo, se puede permanecer "seguro" si se abraza a otra persona durante cinco segundos.

Mancha túnel

Para jugar a la Mancha túnel, busque un sitio donde haya una cerca o pared. Una vez tocados, los jugadores deben pararse a aproximadamente dos pies de distancia de la pared, con un brazo extendido hacia la pared. Un jugador que no haya sido tocado puede liberarlos corriendo debajo del brazo extendido. El juego termina cuando todos han sido tocados por lo menos una vez.

Ensalada de fruta

Para jugar a la Ensalada de fruta, elija tres o más nombres de frutas. Asigne nombres de frutas a los jugadores y desígnelos, como por ejemplo manzana, pera, banana, manzana, pera, etc. Forme un círculo con sillas para todos los jugadores menos uno. El "líder" nombra una fruta, y los jugadores asignados a esa fruta cambian de lugar. Cuando el "líder" dice "ensalada de fruta", todos corren a una silla, incluido el "líder". La persona que se queda sin asiento se convierte en "líder".

Una última idea...

Concéntrense en la diversión, no en ganar o perder.

Querido padre:

¡Tiene un año excelente por delante! Su hijo de preescolar aprenderá mucho, y usted también aprenderá. Gracias por dedicar un poco de tiempo para leer esta guía. Esperamos que le haya dado algunas ideas para que el año sea todavía mejor.

Recuerde permanecer en contacto con el maestro de su hijo y con otros adultos que interactúan con él todos los días. Todos queremos lo mismo: asegurarnos de que su hijo esté preparado para el próximo gran hito... ¡jardín de niños! Aunque no lo crea, está a la vuelta de la esquina.

¡Gracias!